AF482852

STATUTS
ET
REGLEMENS
DES
MAITRES DE DANSES
ET
[*JOUEURS D'INSTRUMENS,*
TANT HAUTS QUE BAS,
POUR TOUTES LES VILLES DU ROYAUME.

Regiſtrés en Parlement le vingt-deuxiéme Août 1659.

A PARIS,

De l'Imprimerie de D'Hourry Fils, Imprimeur de la Communauté
rue de la Vieille Bouclerie, au Saint Eſprit.

M. DCC. LIII.

AVEC PERMISSION.

EDIT
DU ROY.

DU MOIS D'AOUST

Mil six cent cinquante-neuf.

OUIS PAR LA GRACE DE DIEU, ROY de France & de Navarre ; A tous préfens & à venir ; Salut. Nous avons reçu l'humble fupplication de notre cher & bien amé GUILLAUME DUMANOIR, Violon ordinaire de notre Cabinet, & pourvû par Nous de l'Office de Roy de tous les Violons, Maîtres à Danfer & Joueurs d'Inftrumens, tant hauts que bas de notre Royaume ; Et defdits Maîtres Violons & Joueurs d'Inftrumens : Contenant, Qu'encore que de tems immémorial, ils ayent obtenu & fait fucceffivement confirmer par les Rois nos Prédécefſeurs, des Statuts & Ordonnan-

A ij

ces , pour gouverner ladite Science & Maîtrife , la maintenir en fon entier , & en réformer les abus, par diverfes Lettres Patentes, enregiftrées où befoin a été ; ils ont néanmoins appris que les Prédéceffeurs dudit Dumanoir en ladite Charge de Roy des Violons & Maître à Danfer , au lieu de tenir la main à l'exécution exacte de ces Statuts , felon le dû de leur Charge , qui leur donne ce droit , l'avoient négligé , & par cette négligence donné lieu à plufieurs contraventions, lef-quelles aviliroient enfin ladite Science & Maîtrife, s'il n'y étoit par Nous pourvu , en renouvellant & con-firmant en tant que befoin , lefdites Ordonnances & Statuts, par nos Lettres fur ce néceffaires, qu'ils Nous ont très-humblement fupplié leur vouloir octroyer. A CES CAUSES , Defirant favorablement traiter les Expofans , après avoir fait voir en notre Confeil plu-fieurs Lettres Patentes qui leur ont été ci-devant accor-dées par les Rois nos Prédéceffeurs , & les Statuts & Ordonnances concernant lefdites Maîtrife & Scien-ce, qu'ils ont faites & déliberées entr'eux, & écrites en un cahier qu'ils ont fait voir à notre amé & féal Con-feiller en nos Confeils, Lieutenant Civil au Châtelet de Paris , qui les a trouvés juftes & raifonnables, com-me il paroît par fon Procès-Verbal du feptiéme May dernier, par lequel il les a renvoyés pardevers Nous, pour obtenir nos Lettres de Confirmation, cy avec lef-dits Statuts attachés fous le contre-fcel de notre Chan-cellerie, De l'Avis de notre Confeil, & de nos graces fpeciales, pleine puiffance & autorité Royale : NOUS AVONS CONFIRME' & approuvé, Confirmons

& approuvons par ces Préfentes , fignées de notre main , tous & chacun les Articles , Statuts & Ordonnances, & Reglemens faits par les Rois nos Prédéceffeurs, concernant l'exercice dudit Office de Roy des Violons, Maîtres à Danfer , lefdites Science , Maîtrife des Violons & Joueurs d'Inftrumens , tant hauts que bas , même lefdits nouveaux Statuts & Ordonnances ; Voulons & nous plaît „ qu'ils foient à l'avenir entretenus, gardés, obfervés & exécutés felon leur forme & teneur, tant en notre bonne Ville de Paris , qu'ès autres Villes de notre Royaume , fur les peines y énoncées. Si donnons en Mandement à nos amés & féaux Confeillers , les Gens tenans nos Cours de Parlemens, Baillifs , Sénéchaux, Prevôts, leurs Lieutenans, & autres nos Jufticiers qu'il appartiendra : Que ces Prefentes, avec lefdits Statuts & Ordonnances , ils faffent régiftrer , & de tout leur contenu jouir & ufer ledit Roy des Violons, Joueurs d'Inftrumens, Maîtres à Danfer , lefdits Maîtres de Violons, pleinement, paifiblement & perpétuellement , ceffans & faifant ceffer tous troubles & empêchemens au contraire. Car tel eft notre plaifir. Et afin que ce foit chofe ferme & ftable à toujours, Nous avons fait mettre notre Scel à ces Préfentes , fauf en autre chofe notre droit , & l'autrui en toutes. Donné à Paris au mois d'Octobre, l'An de grace mil fix cens cinquante-huit , & de notre Regne le feiziéme. Signé, LOUIS. Sur le repli, Par le Roy, De Guenegaud. A côté, *Vifa* , Seguier. Et fcellé du grand Sceau

de cire verte , ſur lacs de ſoye rouge & verte. Et ſur
lequel repli eſt écrit.

*Regiſtrées , ouy le Procureur Général du Roy , pour
jouir par l'Impétrant de l'effet & contenu en icelles ſelon
leur forme & teneur ; à la réſerve du douziéme Article
deſdits Statuts , qui demeurera réduit à quinze ſols ſuivant
l'avis des Anciens. A Paris en Parlement , le vingt-
deuxième Août 1659. Signé , DU TILLET.*

STATUTS

ET

ORDONNANCES

Faites par le Roy pour l'exercice de la Charge de Roy des Violons, Maîtres à Danser, & Joueurs d'Instrumens tant hauts que bas, & la Maîtrise desdits Violons, Maîtres à Danser, & Joueurs d'Instrumens par toutes les Villes de France.

I.

LES Maîtres, tant à Paris qu'ès autres Villes de ce Royaume, seront tenus d'obliger leurs Apprentis, pour quatre années entieres, sans qu'ils les puissent dispenser dudit temps, l'anticiper, ni décharger leurs Brevets de plus que d'une année, à peine contre lesdits Maîtres, de cent cinquante livres d'amende, applicable un tiers au Roy, un tiers à la Confrairie S. Julien, & l'autre tiers au Roy des Violons; Et contre lesdits Apprentis qui auront surpris ou

capté induement lefdites décharges pour plus long-
tems, de pouvoir jamais être admis à la Maîtrife

I I.

LESDITS Maîtres feront tenus, fuivant l'ordre ac-
coutumé, de prefenter leurs Apprentis lorfqu'ils les
prendront, audit Roy des Violons, & faire enregiftrer
leurs Brevets fur fon Regiftre, comme dans celui de la
Communauté; pour lequel enregiftrement, ledit Ap.
prenti payera audit Roy trois livres, & aux Maîtres
deConfrairie, trente fols.

I I I.

LESDITS Maîtres ne pourront enfeigner les jeuxdes
nftrumens & autres, qu'à ceux qui feront obligez & ac-
:uellement demeurant chez eux en qualité d'Aprentis,
à peine de cinquante livres, applicables comme deffus.

Lors que lefdits Aprentis, après leur tems d'apren-
tiffage expiré, fe prefenteront pour être admis à la
Maîtrife, ils feront tenus de faire experience devant
ledit Roi, lequel y pourra appeller vingt des Maîtres
que bon lui femblera, pour les Aprentis, & dix pour
les Fils de Maîtres; & s'il les trouve capables, leur dé-
livrera la Lettre de Maîtrife.

I V.

TOUT Afpirant à la Maîtrife, Aprenti ou Fils de
Maître, fera tenu prendre les Lettres dudit Roi, &
payera à la Bourfe de ladite Communauté, pour fon
droit de reception & entrée, s'il eft fils de Maître, la
fomme de vingt - cinq livres feulement, & s'il eft
Aprenti, la fomme de foixante livres.

V

9

V.

Le Mari d'une Fille de Maître, aspirant à la Maîtrise, entrera comme Fils de Maître, & sera reçu & traité de la même façon.

V I.

L'usage jusques à present observé à l'égard des Violons de la Chambre de Sa Majesté, pour la reception en la maîtrise, sera continué, & ils y seront reçûs en conséquence de leurs Brevets de retenue, & en payant par chacun pour son droit de reception, la somme de cinquante livres à la Boëte de ladite Communauté.

Aucune personne regnicole ou étrangere, ne pourra tenir Ecole, montrer en particulier la danse ni les Jeux des Instrumens hauts & bas, s'attrouper ni jour, ni nuit, pour donner Sérénades, ou joüer desdits Instrumens en aucunes Nôces ou Assemblées publiques ou particulieres, ni par tout ailleurs, ni généralement faire aucune chose concernant l'exercice de ladite Science, s'il n'est reçû Maître, ou agréé par ledit Roi ou ses Lieutenans, à peine de cent livres d'amende pour la premiere fois contre chacun des contrevenans, saisie & vente des Instrumens, le tout appliquable, un tiers à Sa Majesté, un tiers à la Confrairie S. Julien, & l'autre audit Roi des Violons, ou ses Lieutenants, & de punition corporelle pour la seconde.

La Sentence de Monsieur le Prevôt de Paris, du deuxiéme Mars mil six cens quarante-quatre, & l'Arrêt du Parlement du onziéme Juillet mil six cens quarante - huit, qui l'a confirmée, seront executez selon leur forme & teneur: Et conformément à iceux, défenses sont faites, tant aux Maîtres, qu'à toutes autres personnes, de joüer des Instrumens dans les Cabarets & lieux infames; Et en cas de contravention, les Instrumens des contrevenans seront sur le Champ cassez & rompus, sans figure de Procès, par le premier Commissaire ou Sergent requis par ledit Roi, ou l'un des Maîtres de Confrairie, & les contrevenans emprisonnés pour le payement de ladite amende, laquelle ne pourra être remise ni moderée pour quelque cause que ce soit, ni les contrevenans être élargis qu'ils n'ayent actuellement payé.

V I I.

Les Maîtres des Fauxbourgs, & des Justices subalternes, ne pourront faire aucun exercice dans les Villes, ni faire aucune Jurande ni Maîtrise au préjudice dudit Roi, sur peine de cent livres d'amende, applicable comme dessus.

V I I I.

Les Violons privilegiés suivant la Cour ne pourront faire aucunes assemblées pour faire Sérénades ni joüer des Instrumens, ni faire aucune chose concernant ladite Maîtrise, en l'absence de Sa Majesté, en cette Ville de Paris.

I X.

Si aucun Apprenti, durant le tems de son apprentissage, ou après icelui expiré, alloit joüer aux Cabarets & lieux infames, ou en autres lieux publics, comme Salle à faire Nôces, il ne pourra jamais

aſpirer à la Maîtriſe, au contráire en ſera perpétuellement exclus.

X.

L e s Maîtres ne pourront entreprendre les uns ſur
les autres, ni aller au devant de ceux qui auront beſoin d'eux, ni prendre autres que leurs Compagnons
pour joüer avec eux : Et quand ils ſeront loués à
quelqu'un pour un ou pluſieurs jours, celui qui aura
promis, ni ſes Compagnons qu'il aura choiſis avec
lui, ne pourront pour quelque cauſe que ce ſoit, ſe
diſpenſer du ſervice qu'ils auront promis ; entreprendre autres Compagnies dans ledit tems, ni faire pluſieurs marchés à la fois, à peine de trente livres
d'amende pour chaque contravention, applicable
comme deſſus.

X I.

A u c u n Maître ne pourra aſſocier ni mener avec
lui pour jouer en quelque lieu que ce ſoit, aucun
Privilegié ſuivant la Cour, Aprenti ni autre qui ne
ſoit pas Maître ; Et en cas de contravention, celui des
Maîtres qui ſera trouvé contrevenant, payera la ſomme de dix livres, & celui qui n'eſt pas Maître moitié
moins.

X I I.

C h a c u n deſdits Maîtres ſera tenu de payer
trente ſols par chacun an, pour les droits de la Confrairie Saint Julien, & les deniers provenans deſdits
droits & des amendes appliquées à ladite Confrairie,
ſeront employés à l'entretien de ladite Chapelle de

Saint Julien ; & les droits de Boëte, aux néceſſités de ladite Communauté.

X I I I.

LES Maîtres de Confrairie, qui feront élûs par chacun an, feront tenus de rendre compte du provenu de tous leſdits droits, en preſence dudit Roi des Violons, & des Maîtres de la Salle, & le rendant compte vuidera ſes mains du reliqua, ſi aucun y a, en celles de celui qui entrera en ſa place.

X I V.

LES Fils de Maîtres, pour leur Reception en la Maîtriſe, païeront audit Roi, outre les droits de Boëte, la ſomme de vingt livres, cy . . xx. l.

Aux Maîtres de Confrairie, cent ſols, cy . C. ſ.

X V.

LES Aprentis payeront audit Roi, outre les Droits de Boëte, ſoixante livres, cy . . lx. l.

Aux Maîtres de Confrairie, dix livres, cy . x. l.

X V I.

ET dans les autres Villes que Paris, payeront aux Lieutenans de Roi, & Maîtres de Confrairie, moitié moins.

X V I I.

L'USAGE immémorial pour la reception des Maîtres de Confrairie, & Maîtres de la Salle, ſera continué ; & ce faiſant, nul ne pourra être reçû Maître de la Confrairie, qu'il ne ſoit Maître de Salle, ſans le conſentement dudit Roi, & des autres Maîtres de Confrairie & de Salle, à autre jour que celui de Saint Thomas : Et pour la reception en ladite Maîtriſe de Salle, chaeun de ceux qui y fera reçû, payera à la Boëte pour droit d'entrée, dix livres, cy   .   . x. l.

XVIII.

ET parce que le Roi des Violons ne peut pas être prefent en toutes les Villes de ce Royaume, il lui fera permis de nommer des Lieutenans en chaque Ville, pour faire obferver les prefens Statuts & Ordonnances, recevoir & agréer les Maîtres; aufquels Lieutenans toutes Lettres de provifion néceffaires feront expediées fur la nomination & prefentation dudit Roi, & appartiendra en tous rencontres la moitié des droits dûs au Roi, en chaque reception d'Aprenti & de Maître.

Regiftrées, ouy le Procureur Général du Roi, pour jouir par l'Impétrant de l'effet y contenu; A la réferve du douziéme Article defdits Statuts, qui demeurera réduit à quinze fols, fuivant l'avis des Anciens. A Paris en Parlement, le vingt-deuxiéme Août mil fix cens cinquante-neuf: Signé, DU TILLET.

A TOUS Ceux qui ces Presentes Lettres verront ; PIERRE SEGUIER, Chevalier, Marquis de Saint Briſſon, Seigneur des Ruaux & de Saint Firmain, Conſeiller du Roi, Gentil-homme ordinaire de ſa Chambre, & Garde de la Prevôté & Vicomté de Paris, Salut. SÇAVOIR faiſons, Que vû les Lettres Patentes de ſa Majeſté, données à Paris au mois d'Octobre dernier paſſé, Signées ſur le reply, DE GUENEGAUD, & ſcellées de Cire verte ; obtenues & impetrées par GUILLAUME DUMANOIR, Roi & Maître de tous les Maîtres Joueurs d'Inſtrumens, & Maîtres à Danſer, par tout le Royaume de France ; & tous les autres Maîtres Joüeurs d'Inſtrumens de ladite Communauté ; Par leſquelles & pour les cauſes y contenues, Sa Majeſté leur auroit octroyé la Permiſſion de faire renouveiler les Ordonnances, Satuts & Réglement dudit Art & Métier, même d'y ajoûter quelques Articles importans & neceſſaires pour la conſervation d'icelui, & qu'à cette fin ils ſeroient regiſtrés avec leſdites Lettres Patentes aux Regiſtres des Bannieres : Leſdits Statuts & Réglemens dudit Métier : La Requête à Nous preſentée par leſdits Dumanoir, & Maîtres de Communauté deſdits Joueurs d'Inſtrumens & Maîtres! à danſer, aux fins d'Enregiſtrement deſdites Lettres & Statuts, laquelle aurions ordonné être montrée au Procureur du Roi de cette Cour : Les Conclufions dudit Procureur du Roi, du douziéme du prefent mois, Et tout vû & confideré ; Oui fur ce ledit Procureur du Roi & de fon confentement. NOUS DISONS Que lefdites Lettres & Statuts feront enregiftrées au Regiftre des Bannieres, & obfervées felon leur forme & teneur ; & fera procedé par le Procureur du Roi à la reception des Maîtres à danfer, fur les Certificats donnés par le Roi des Violons, lefquels feront prefentés par les Maîtres de la Chapelle Saint Julien ; Et feront faits les rapports des contraventions aufdits Statuts & Ordonnances pardevant ledit Procureur du Roi, en la maniere accoutumée. En témoin de ce, Nous avons fait fceller ces Prefentes : Faites & données par Meffire Dreux d'Aubray, Confeiller du Roi en fes Confeils d'Etat & Privé, & Lieutenant Civil audit Châtelet, le Lundi treiziéme jour de Janvier mil fix cens cinquante-neuf. Signé, DECOUR.

EXTRAIT
DES REGISTRES

DU PARLEMENT·

EU PAR LA COUR, les Lettres Patentes du Roi, données à Paris au mois d'Octobre mil six cens cinquante-huit, Signées LOUIS, & sur le repli, Par le Roi, DE GUENEGAUD, & scellés du grand Sceau de cire verte sur lacs de soye, obtenues par GUILLAUME DUMANOIR, Violon ordinaire du Cabinet du Roi, & pourvû de l'Office de Roi des Violons, Maîtres à danser, & Joueurs d'Instrumens tant hauts que bas du Royaume, & des Maîtres Violons & Joueurs d'Instrumens ; Par lesquelles & pour les causes y contenues, ledit Seigneur auroit approuvé & confirmé tous & un chacun les Articles, Statuts, Ordonnances & Réglemens faits par le Roi & ses Prédecesseurs, concernant l'éxercice dudit Office de Roi des Violons & Maîtres à danser, & esdites Science & Maîtrise des Violons, Joueurs d'instrumens,

tant

tant hauts que bas, mêmes lefdits nouveaux Statuts & Ordonnances attachées aufdites Lettres, que ledit Seigneur veut à l'avenir être gardez & obfervez, & exécutez felon leur forme & teneur, tant en cette Ville de Paris, qu'ès autres Villes du Royaume, fur les peines y énoncées, ainfi & comme plus au-long le contiennent lefdites Lettres, à la Cour adref-fantes. Requête dudit Dumanoir, fignée Efmery Procureur, à fin d'enregiftrement d'icelles: Arrêt du vingt-fixiéme Juin dernier, par lequel la Cour, avant procéder à l'enregiftrement defdites Lettres, auroit ordonné que douze anciens Maîtres Violons de cette Ville, autres que ceux de la grande bande, & fix Maîtres Violons de ladite grande Bande, feroient ouys par-devant le Confeiller-Rapporteur dudit Ar-rêt, pour donner leurs avis fur le contenu efdites Lettres & Statuts, defquels lecture leur feroit faite dont feroit dreffé Procès-Verbal, pour ce fait & rapporté, être ordonné ce que de raifon: Procès-verbal fait par Me. Eftienne Sainctot, Confeiller en la Cour, à ce commis, le dixiéme Juillet dernier, contenant l'avis defdits douze anciens Maîtres Vio-lons, autres que ceux de ladite grande Bande, & fix Maîtres Violons d'icelle grande Bande: Conclu-fions du Procureur Général du Roi; Ouy le Rap-port de Me. Charles le Comte, Confeiller en la Cour; & tout confidéré LA COUR a ordon-né & ordonne: Que lefdites Lettres & Statuts, fe-ront regiftrés au Greffe d'icelle, pour jouir par

C

l'Impetrant de l'effet & contenu en icelles, selon leur forme & teneur ; A la réserve du douziéme Article desdits Statuts, qui demeurera reduit à Quinze sols, suivant l'avis desdits Anciens. F A I T en Parlement, le ving-deuxiéme Août mil six cens cinquante-neuf. Signé, D U T I L L E T.

Collationné aux Originaux en Parchemin ; Ce fait & rendu par les Notaires du Roi au Châtelet de Paris, soussignez, le premier jour de Décembre mil six cens soixante & douze.

L E B O I S.

B E A U F O R T.

SENTENCE
DE POLICE,

Du 28 Avril 1736.

QUI ordonne que les Statuts de la Communauté des Maîtres à Danser, seront exécutez, & qui conformément à l'Article VI. desdits Statuts, fait Défenses à toutes personnes regnicoles ou étrangeres, même aux Gens de Livrée, & à tous autres de tenir Ecole, montrer en particulier la Danse & les Jeux d'Instrumens hauts & bas s'attrouper le jour & la nuit pour donner des Serenades, ou jouer desdits Instrumens, en aucunes nôces, ou assemblées publiques & particulieres, &c.

A TOUS ceux qui ces Présentes Lettres verront: GABRIEL JEROSME DE BULLION, Chevalier Comte d'Esclimont, Mestre de Camp du Régiment de Provence, Infanterie, Conseiller du

Roy en ſes Conſeils, Prévôt de Paris : SALUT ; Sçavoir faiſons ; que vû par Nous René HERAULT,
Chevalier, Seigneur de Fontaine-l'Abbé, Vaucreſ-
ſon, & autres lieux, Conſeiller d'Etat & Lieutenant
General de Police de Paris, la Requête à Nous pré-
ſentée par les Jurez & Syndics de la Communauté
des Maîtres à Danſer de cette Ville, expoſitive ;
qu'ils ſont fondez dans les Statuts & Reglemens de
leur Communauté, qui ont été confirmez par nos
Sentences & Arrêts du Parlement ; que par l'Article
VI. deſdits Statuts, il eſt préciſément dit, qu'aucunes
perſonnes regnicoles ou étrangeres ne pourront tenir
Ecole, montrer en particulier la Danſe, ni les Jeux
des inſtrumens hauts & bas, s'attrouper jour ni
nuit pour donner Serenade, ou jouer des Inſtrumens en aucunes nôces, aſſemblées particulieres,
ni partout ailleurs, ni generalement faire aucune
choſe concernant l'exercice dudit Art, s'il n'eſt reçu
Maître, ou agréé par le Roy ou de ſes Lieutenans,
à peine de cent livres d'amende pour la premiere
fois, contre chacun des contrevenans, ſaiſie & vente
des Inſtrumens, le tout applicable un tiers à Sa
Majeſté, un tiers à la Confrairie, de Saint Julien, &
l'autre tiers au Roy des Violons, ou à ſes Lieutenans, & de punition corporelle pour la ſeconde fois.
Quoique cet Article ſoit précis, cependant les Supplians ont été avertis par beaucoup de Maîtres de
ladite Communauté, que différens particuliers ſans
qualité, & entr'autres des domeſtiques & gens de
livrée ayant appris à jouer du Violon & autres Inſ-

trumens s'ingerent de joüer dans toutes sortes d'assemblés, nôces, bals & autres lieux publics, & de montrer la Danse & à joüer desdits Instrumens, se persuadant que par leurs qualités & habits qu'ils portent, ils étoient exempts des Reglemens & Statuts de ladite Communauté, ce qui fait un tort considérable à toutes les personnes qui remplissent le corps de ladite Communauté, & leur ôte leur gain, & les met hors d'état de satisfaire aux taxes & aux impositions de la Capitation, & autres Droits ausquels ils sont assujettis pour soutenir ladite Communauté, ensorte que les Supplians pour en prévenir les abus, & éviter les reproches qui leur étoient faits de la part des autres Maîtres de ladite Communauté, ont été obligez de faire faire plusieurs saisies desdits particuliers, gens de Livrée & autres qui se sont trouvez en contravention ; desquelles saisies, partie n'ont point eu d'effet, par rapport au crédit des personnes aux gages desquels lesdits particuliers gens de livrée étoient attachez, de maniere, que sous ce prétexte ladite Communauté ne pourroit se soutenir, quoique fondée par des Statuts par Nous confirmez. A ces Causes les Supplians requeroient qu'il nous plût ordonner que les Satuts & Reglemens de ladite Communauté seroient executez selon leur forme & teneur : ce faisant, aux termes de l'Article VI. desdits Statuts faire défenses à toutes personnes regnicoles ou étrangeres, même aux gens de livrée & tous autres, de tenir Ecole, montrer en particulier la Danſe, ni les Jeux des Inſtrumens hauts & bas, s'attrouper dans le jour, ni dans la nuit pour donner Serenade, de joüer deſdits Inſtrumens dans aucunes nôces, aſſemblées particulieres, ou par tout ailleurs, & generalement faire aucune choſe concernant l'exercice dudit Art, s'ils ne ſont reçus Maîtres ou agréez par les Jurez & Syndics de ladite Communauté, à peine de cent livres d'amende pour la premiere fois contre chacun des contrevenans, ſaiſie & vente d'inſtrumens, le tout applicable un tiers au Roy, un tiers à la Confrairie de Saint Julien des Meneſtriers, & l'autre tiers au profit de ladite Communauté, & de punition corporelle pour la ſeconde, conformément audit Article VI. deſdits Statuts, & que notre Sentence ſeroit lûe, publiée & affichée. Ladite Requête *Signée* Cuiſin, Fremont, & Chatelus, Procureur au Châtelet, Notre Ordonnance du vingt-un Mars dernier étant au bas, portant Soit communiqué au Procureur du Roy; les Concluſions du Procureur du Roy, du deux de ce mois, enſemble leſdits Statuts, les Lettres Patentes données ſur iceux au mois d'Octobre mil ſix cens cinquante-huit, enregiſtrées au Parlement le vingt-deux Août mil ſix cens cinquante-neuf; & tout conſidéré : NOUS ORDONNONS que leſdits Statuts de la Communauté des Maitres à Danſer, & Lettres Patentes données ſur iceux ſeront executés ſelon leur forme & teneur; en conſéquence, conformément à l'Article VI.

deſdits Statuts, faiſons défenſes à toutes perſonnes regnicoles ou étrangeres, même aux gens de livrée, & à tous autres de tenir Ecole, montrer en particulier la Danſe ; ni les Jeux des Inſtrumens hauts & bas, s'attrouper le jour & la nuit pour donner des Serenades, ou jouer deſdits Inſtrumens en aucunes nôces ou aſſemblées publiques & particulieres, ou partout ailleurs, & généralement faire, aucune choſe concernant l'exercice de ladite ſcience, s'ils ne ſont reçus Maîtres, à peine de cent livres d'amende pour la premiere fois contre chacun des contrevenans, & de ſaiſie deſdits Inſtrumens ; & au cas de récidive, ſous telle autre plus grande peine qu'il appartiendra ; & permettons auſdits Jurez & Syndic de ladite Communauté de faire imprimer, lire, publier, & afficher dans tous les lieux, carrefours accoutumez de cette Ville & Fauxbourg de Paris, & partout où beſoin ſera Notre préſente Sentence ; laquelle ſera exécutée nonobſtant oppoſitions ou appellations quelconques & ſans préjudice d'icelles ; En témoin de quoi nous avons fait ſceller ces Préſentes. Ce fut fait & jugé par Nous Juge ſuſdit, le ſix Avril mil ſept cens trente-ſix. *Signé*, T A R D I V E A U.

La Sentence ci-deſſus a été lüe & publiée à haute & intelligible voix, à Son de Trompe & Cry public, dans tous les Marchez, Carrefours, Places publiques, & ès environs de cette Ville de Paris, & dans tous les

endroits ordinaires & accoutumez, par moi Jacques
GIRARD, *Huiſſier à Cheval au Châtelet de Paris,*
& Juré Crieur ordinaire du Roi, de la Ville, Prevôté
& Vicomté de Paris, y demeurant ruë des Arcis, Pa-
roiſſe Saint Merry, au Roy Artus, ſouſſigné ; accom-
pagné de Louis-François Ambezar, Jacques Hallot &
Claude-Louis Ambezar, Jurez Trompettes, le Samedi
vingt-huit Avril mil ſept cens trente-ſix, & affiché ledit
jour. Signé, GIRARD.

Ces Statuts ont été réimprimés par les ſoins &
diligences, & aux frais du ſieur BLONDEAU, Juré
Comptable de la Communauté, en l'Année 1753.